folio cadet ■ premières lectures

EVAN

Pour Janet et Gerald

Traduction d'Anne de Bouchony
Maquette : Claire Poisson

ISBN : 978-2-07-063351-7
Titre original : *What's the Time, Granma Wolf ?*
Publié pour la première fois par Andersen Press Ltd., Londres

Numéro d'édition : 175022
Loi n° 49-956 du 16 juillet 1949 sur les publications destinées à la jeunesse
Dépôt légal : septembre 2010

Imprimé en France par I.M.E.

Grand-Mère Loup, y es-tu ?

Ken Brown

GALLIMARD JEUNESSE

1

Dans les bois vit une grand-mère loup dont tout le monde dit :

« Elle est grande et méchante, elle est vieille et velue. Surtout, ne vous en approchez pas, elle est terrifiante ! »

Mais nous voulions en savoir davantage, alors nous nous sommes approchés un peu…

et le petit cochon, qui est brave, cria…

– Grand-Mère Loup, y es-tu ? Que fais-tu ?

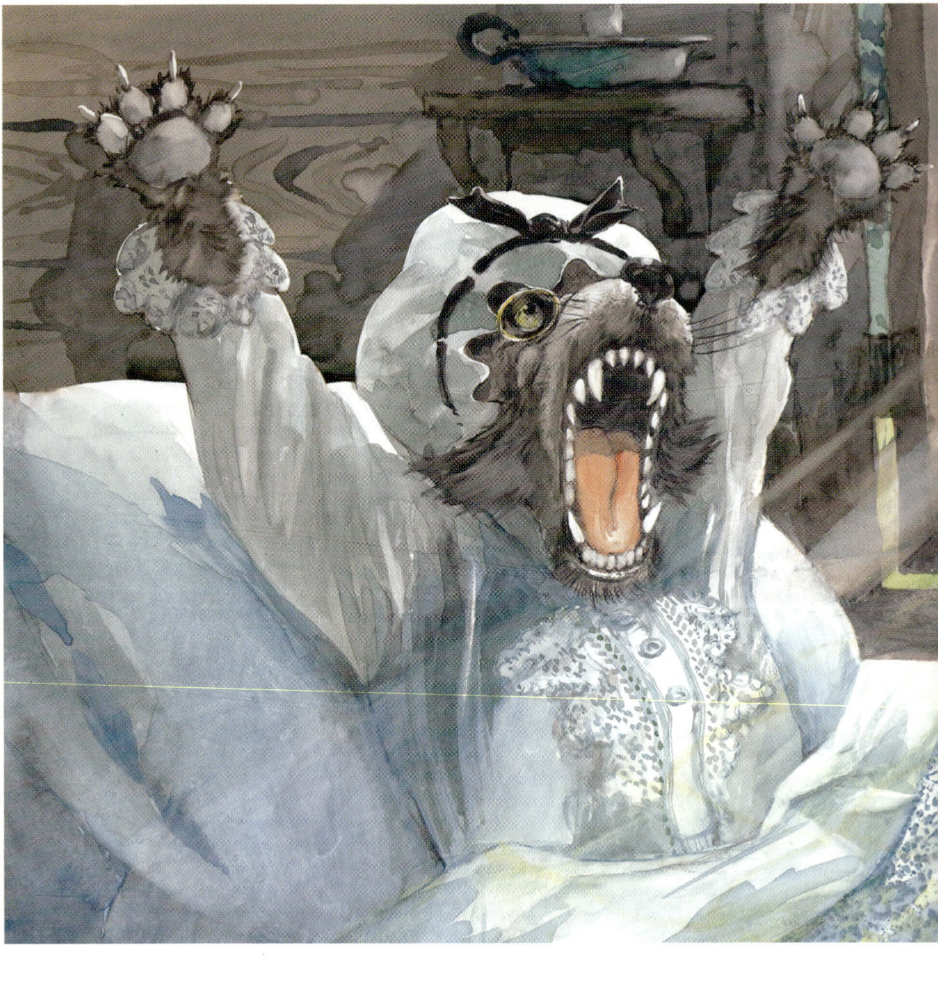

Et elle ouvrit les yeux – ils étaient grands, très grands – et dit en bâillant :

– Je me lève !

2

Puis nous nous sommes encore rapprochés et le faon, qui est timide, chuchota :

– Grand-Mère Loup, y es-tu ? Que fais-tu ?

Et elle dressa les oreilles – elles étaient grandes, très grandes – et dit :

– Je me lave les dents.

Puis nous nous sommes encore rapprochés et le corbeau, qui est bruyant, croassa :

– Grand-Mère Loup, y es-tu ? Que fais-tu ?

Et elle saisit un chaudron – il était grand, très grand – et dit :

– Je nettoie la marmite.

3

Puis nous nous sommes encore rapprochés et l'écureuil, qui est coquin, dit d'une voix aiguë :

– Grand-Mère Loup, y es-tu ? Que fais-tu ?

Et elle alla chercher une hache tranchante – elle était grande, très grande – et dit :

– Je coupe du bois.

Puis nous nous sommes encore rapprochés et le blaireau, qui est effronté, glapit :

– Grand-Mère Loup, y es-tu ? Que fais-tu ?

Et elle ramassa deux seaux – ils étaient grands, très grands – et dit :

– Je vais chercher un peu d'eau.

4

Puis nous nous sommes encore rapprochés et le caneton, qui est stupide, cancana :

– Grand-Mère Loup, y es-tu ? Que fais-tu ?

Et elle regarda par-dessus son nez – il était grand, très grand – et dit :

– J'allume le feu.

Puis nous nous sommes encore rapprochés et le lapin, qui est insouciant, dit en riant sottement :

– Grand-Mère Loup, y es-tu ? Que fais-tu ?

– JE VAIS DÉJEUNER !

Alors nous nous sommes tous attablés devant une soupe de légumes, et Grand-Mère Loup, que fit-elle ?

Elle nous raconta notre histoire préférée !

Ken Brown

Avez-vous toujours été auteur-illustrateur ?
J'ai étudié le dessin dans une école d'art et, une fois diplômé, j'ai travaillé comme graphiste dans la publicité puis à la BBC, la grande chaîne de télévision britannique. J'ai aussi réalisé des films publicitaires. Puis, j'ai décidé de me remettre à l'illustration et j'ai commencé à écrire des livres pour enfants.

Qu'est-ce qui vous a inspiré cette histoire ?
C'est une question très difficile : qui sait d'où viennent les idées ? J'aimerais le savoir !

Quels matériaux utilisez-vous pour dessiner ?
J'utilise le crayon de papier pour mettre en forme mes dessins et de l'aquarelle pour la mise en couleurs.

Où et quand aimez-vous travailler ?
Je travaille chez moi. Ruth et moi habitons dans le sud-ouest de Londres, près du palais de Hampton Court, où vivait le roi Henri VIII. Quand je marche dans les magnifiques jardins du palais je pense à mes royautés*, pardon je veux dire à la royauté…

*NdE : Royautés, ou droits d'auteur, la rémunération d'un illustrateur – jeu de mots intraduisible et espiègle de Ken…

À quoi aimez-vous passer votre temps libre ?
Mon plus grand plaisir, pendant mes temps libres, est d'entretenir mon potager. Manger des fruits et légumes après avoir planté une petite graine et l'avoir regardée grandir, c'est magique !

PS : Ah ! mais voilà d'où m'est venue l'inspiration pour cette histoire : il y a un épouvantail dans mon potager !

→ je commence à lire

Pour les jeunes apprentis lecteurs
Niveau 1

n° 1 *Armeline Fourchedrue*
par Quentin Blake

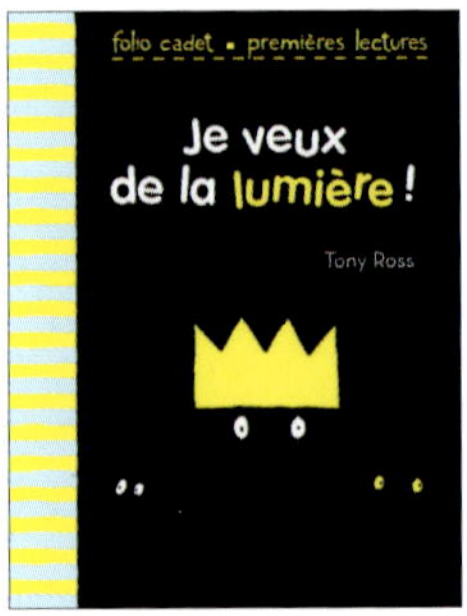

n° 2 *Je veux de la lumière !*
par Tony Ross

n° 3 *Le garçon qui criait : « Au loup ! »*
par Tony Ross

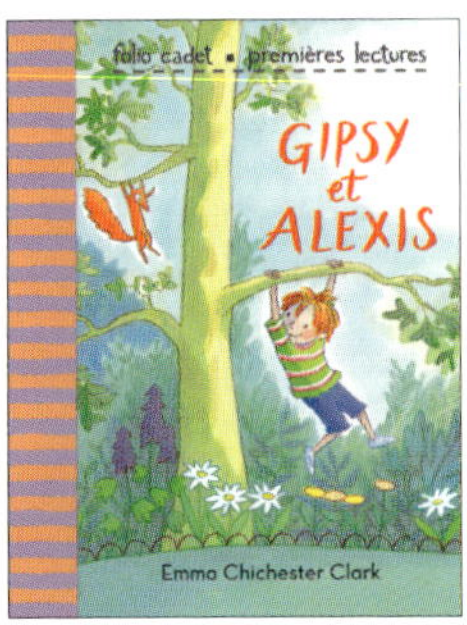

n° 4 *Gipsy et Alexis*
par Emma Chichester Clark

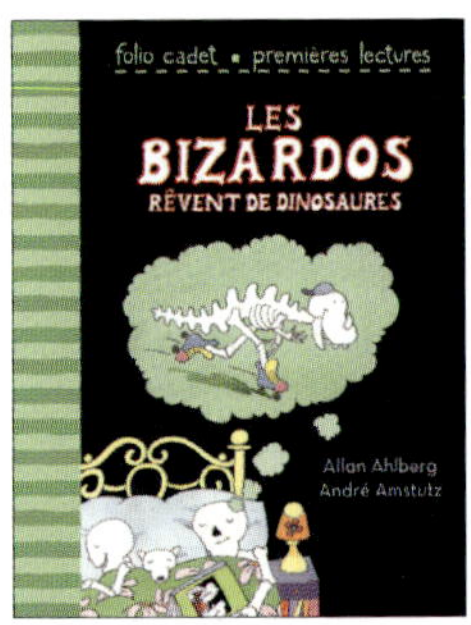

n° 5 *Les Bizardos rêvent de dinosaures* par Allan Ahlberg et André Amstutz

n° 12 *C'est trop injuste !*
par Anita Harper
et Susan Hellard

n° 20 *Crapaud*
par Ruth Brown

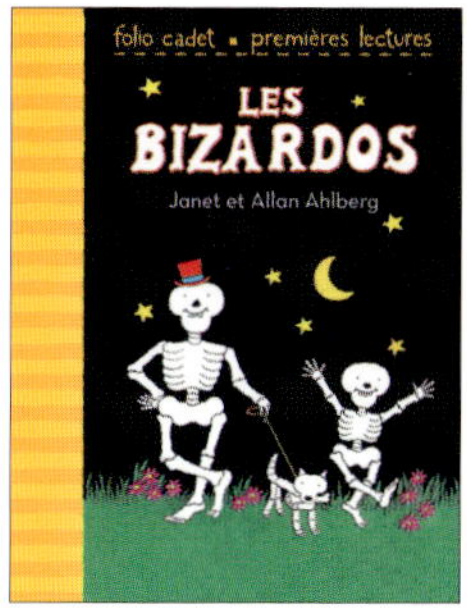

n° 23 *Les Bizardos*
par Janet et Allan Ahlberg

n° 25 *Bonne nuit, petit dinosaure !* par Jane Yolen
et Mark Teague

n° 27 *Meg et la momie*
par Helen Nicoll
et Jan Pieńkowski

n° 28 *But !*
par Colin McNaughton

n° 37 *Grand-Mère Loup, y es-tu ?*
par Ken Brown

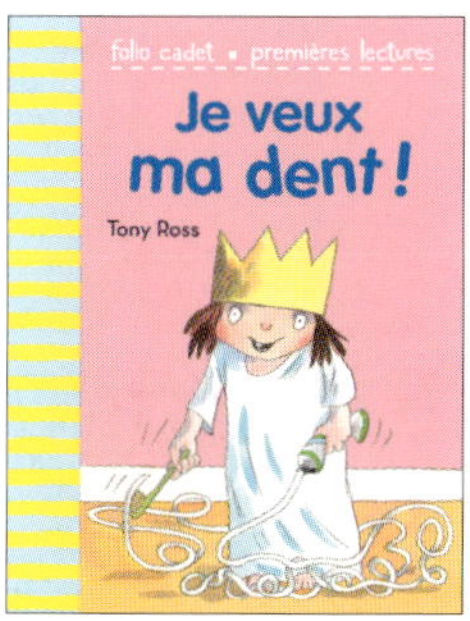

n° 39 *Je veux ma dent !*
par Tony Ross

n° 40 *J'ai vu un dinosaure*
par Jan Wahl
et Chris Sheban

je lis tout seul

Pour les jeunes apprentis lecteurs
Niveau 2

n° 21 *Le roi FootFoot*
par Alex Sanders

n° 31 *Un chat de château*
par Janine Teisson
et Clément Devaux

n° 32 *C'est le néléchat !*
par Marie Leymarie
et Clotilde Perrin

n° 33 *La plante carnivore*
par Dina Anastasio
et Jerry Smath

n° 34 *Les tricots de Mireille l'Abeille*
par Antoon Krings

n° 35 *Le coiffeur de Mireille l'Abeille*
par Antoon Krings

n° 36 *Les Pyjamasques au zoo*
par Romuald

n° 38 *Le roi des bons*
par Henriette Bichonnier
et Pef